Das Original Bayerische Brotzeitbuch

Tina und Egon M. Binder

Tina und Egon M. Binder

Das Original
Bayerische
Brotzeitbuch

SüdOst Verlag

Die Deutsche Bibliothek – CIP Einheitsaufnahme

Binder, Egon M.:
Das Original Bayerische Brotzeitbuch / Egon M. Binder. –
Waldkirchen : SüdOst Verl. 2002, 2. Auflage
ISBN 3-89682-014-1

Bildnachweis:
Seite 17, 53, 54, 71, Egon M. Binder,
Seite 18, 35 oben, 36 oben, K. H. Paulus,
Seite 35 unten, 36 unten und Titelbild,
InForm Verlags-Service, Passau
Grafiken: Creativ Collection

2. Auflage
ISBN 3-89682-014-1

Warum die Bayern so gerne Brotzeit machen

Von allen deutschen Volksstämmen zeigen vor allem die Bayern einen ausgeprägten Hang zum Brotzeitmachen, denn, nehmen sie sich doch gleich mehrmals am Tage die Zeit, um genüßlich zu Brot, deftiger Wurst, Pressack, Leberkäs, Emmentaler und im Sommer natürlich auch noch zu einer Radiwurzen zu greifen. Nach diesem Brotzeit-Ritual der Bayern könnte man buchstäblich die Uhr stellen. Der erste Hunger stellt sich nämlich - nach dem meist bescheidenen Frühstück - bereits gegen neun Uhr ein. Nach einem - mehr oder weniger üppigen - Mittagessen findet um drei Uhr nachmittags nochmals eine Viertelstunde Brotzeit statt. Zum Dämmerschoppen wird dann ein weiteres Mal so richtig zugeschlagen, weil ja schließlich eine lange Nacht vor der Tür steht, in der man keineswegs von knurrenden Mägen geweckt werden möchte. Diese zeitliche Brotzeitordnung gilt aber nur an den Werktagen!

An den Wochenenden kommt dieser Rhythmus etwas durcheinander, weil da gewöhnlich etwas später gefrühstückt wird. Doch an Samstagen und Sonntagen wie an Feiertagen will man sich nun auch nicht gerade bis zum Mittagessen durchhungern, sondern zieht gegen elf Uhr einen Frühschoppen mit Weißwurstfrühstück vor, weil eben diese urbairische Wurstspezialität unterhalb des weißblauen Weißwurstäquators, den Bayern vom Rest der Welt, vor allem aber von Preußen trennt, das Zwölf-uhrläuten nicht hören darf, weil sie um diese Zeit bereits so alt ist wie eine Zeitung von gestern.

Kein Wunder also, daß man in Bayern oft Heerscharen von wohlbeleibten Bürgern begegnet, weil sie auch in Zeiten des Schlankheitswahns nach dem Lebensmotto leben, daß eben das Essen Leib und Seele zusammen hält und ein Bauch besser ist als ein Buckel.

Man kann den Bayern alles Schlechte nachsagen, aber bestimmt nicht, daß sie sich nichts gönnen oder daß sich über ihr Land kein gastfreundlicher Himmel wölbt. Das wußte bereits Tacitus in seiner „Germania" zu schätzen, wenn er schreibt: „In der Bewirtung und gastlichem Leben hat kein anderes Volk eine so unbeschränkte Neigung. Irgendwem, wer es auch sei, seine Türe zu verschließen, gilt für ein Unrecht".

Geradezu schwärmerisch äußert sich der bayerische Geschichtsschreiber und Humanist Johannes Turmaier aus Abendsberg, genannt auch Adventinus, über das bairische Leben, wenn er sagt: „Extra Bavariam non est vita, et sie est, non est ita!", zu Deutsch: „Außerhalb Bayern gibt es kein Leben. Und wenn es eines geben sollte, dann jedenfalls kein solches."

Doch nicht nur nach harter Arbeit schätzt der Urbaier eine deftige Brotzeit, sondern selbst nach dem Kirchgang ist eine Einkehr fällig und bei Ausflügen und Reisen ist die Ausschau nach einem „anständigen" Gasthaus, dem möglichst eine eigene Metzgerei angegliedert sein sollte, das Wichtigste.

Zum Brotzeitmachen gehört natürlich stets ein frischgezapftes Bier, das weniger als Alkoholgenuß, sondern als zusätzliche Nahrungsaufnahme verstanden wird, so wie es bereits die Altvordern gehalten haben, denen ein Chronist aus dem 18. Jahrhundert attestierte: „Die Bayern lieben den Trunk sehr. Die Nahrung manch braven Mannes ist oft nur Bier und Brot".

Der echte Bayer, auch der von heute, setzt, in Bezug auf seine Lebensfreuden, die Brotzeit auf die gleiche Stufe mit der Ferien- und Urlaubszeit, weil man ja bekanntlich nicht für sich allein dahinbrotzeitelt, sondern vorwiegend in Gesellschaft der Familie, von Arbeitskollegen und Freunden. Damit man aber jederzeit an die Brotzeit herankommt, hatten und haben auch heute noch die Lederhosen am rechten Hosenbein eine Messertasche eingenäht, da ja vielfach das Messer auch die Gabel mit ersetzte. Der Messer tragende Bayer wurde daher oft zu unrecht als rauflustig dargestellt, weil er dieses „Handwerkszeug" ja nicht unbedingt zur Selbstverteidigung brauchte, sondern in erster Linie eben zum Brotzeitmachen!

Dieses Büchlein ist ein mit Liebe zusammengestellter Wegweiser durch die bayerische Brotzeitlandschaft und deckt geographisch nicht nur Ober- und Niederbayern, sondern auch die Oberpfalz, Franken und auch Schwaben ab. Allein bei den Wurstwaren haben die Bayern mit ihren Regensburgern oder Knackwürsten, Weißwürsten wie Wienern und meterlangen Bratwürsten, mit Schwarzwürsten und Pressack eine Essenkultur entwickelt, um die uns viele Europäer nur beneiden können. Und keinesfalls richtig wäre es, die Brotzeiten nur als Arme-Leute-Gerichte herabzuwürdigen, denn bereits Friedrich Schiller schätzte die Knackwürste mit Kartoffelsalat und Jean Paul betrachtete die bayerischen Wurstwaren gar als eine „Speise der Götter".

Dem sollte man nicht mehr viel anfügen, höchsten noch den Wunsch, daß mit diesem Büchlein das gastliche Leben unter dem weißblauen Rautenhimmel noch mehr Spaß und Lebensfreude bereiten möge, und daß man sich gerne Zeit für eine anständige Brotzeit nimmt, um damit eben Leib und Seele in einen harmonischen Einklang zu bringen.

In diesem Sinne „Guten Appetit"!

Tina und Egon M. Binder

Leckere Sülzen - nicht nur für den Dämmerschoppen

Tafelspitz-Sulz

Zutaten
500 g gekochter Tafelpitz
(oder anderes gekochtes Rindfleisch)
0,5 l von der Brühe des gekochten Rindfleisches
0,1 l Weinessig 5 %
10 Blatt Gelatine
2 EL Liebstöckelblätter, gehackt
1 EL Bärlauch
Salz, Pfeffer, Zucker

Die aufgelöste Blattgelatine, den Essig und die Kräuter in die kräftig abgeschmeckte Brühe geben und im Kühlschrank erkalten lassen, bis er zu stocken beginnt.
Den Tafelspitz in dünne Scheiben schneiden (geht gut mit der Brotmaschine) und mit dem Sud in eine Kastenform schichten. Diese über Nacht im Kühlschrank erstarren lassen.

Beilage: Röstkartoffeln schmecken besonders gut dazu; aber auch Bauernbrot, Radieserlsalat oder Krautsalat sind an heißen Sommertagen besonders zu empfehlen.

Niederbayerische
Knöcherl- oder Tellersülz

Zutaten

4 Schweinsfüße	1 Stück Sellerie
1 Kalbsfuß	2 Lorbeerblätter
500-750 g Schweinefleisch	2 Nelken
1/8 l Essig	6 Pfefferkörner
1 Glas Weißwein	Salz
1 Eiweiß	Ein Stück
2 Zwiebeln	ungespritzte Zitronenschale
1 gelbe Rübe	

Am besten läßt man sich gleich vom Metzger die Schweins-
füße und den Kalbsfuß in etwa 5 cm große Stücke hacken.
Gut waschen und mit dem Fleisch in ca. 2¹/₂ l Wasser auf-
setzen. Nach dem Kochen zwei- bis dreimal den sich dabei
bildenden Schaum abschöpfen. Dann das gewaschene Grün-
zeug, Gewürze, Essig, Wein und Salz dazugeben und alles
1¹/₂ Stunden kochen lassen. Auf Schälchen oder Suppen-
schüsseln werden dann die Schweinsknöcherl verteilt und mit
der Brühe aufgefüllt. Man kann das Fleisch auch von den
Knöcherln ablösen und in Stücke schneiden. Soviel zur
Knöcherlsülz.
Bei der Tellersülz wird das Fleisch (ohne Knöcherl) in Porti-
onsstücke auf tiefe Teller verteilt, mit hartgekochtem Ei und
süßsaurer Gurke garniert. Die ungefähr auf die Hälfte ein-
gekochte Brühe gibt man durch ein Sieb, läßt sie erkalten und
fettet sie ab. Alsdann bringt man sie noch einmal zum Kochen, gibt ein steifgeschlagenes Eischnee darunter, schmeckt
sie ab und gießt die Brühe über Knöcherl und Fleisch.Beide
Sülzen in einem kalten Raum oder im Kühlschrank fest werden lassen.
Beilage: Zu beiden Gerichten schmecken am besten geröste-
te Kartoffeln oder ein kräftiges Bauernbrot.

Karpfensulz

Zutaten
1 Karpfen (ca. 1,5 kg)
1/2 l Wasser
1/4 l Weinessig 5 %
1/8 l Weißwein, trocken
150 g Suppengrün
1 Zwiebel
Salz, Pfeffer, Zucker, Lorbeer, Wacholder
10 g Gelatine
1 gekochtes Ei
1 Essiggurke

Von dem ausgenommenen Karpfen die Filets auslösen.
Kopf, Gräten und Flassenabschnitte sauber waschen und mit den übrigen Zutaten (ohne der Gelatine) im Topf ca. 1 Stunde zugedeckt weich kochen.
Die Filets in etwa. 50 g schwere Stücke schneiden und 10 Minuten mitköcheln lassen, herausnehmen und auf Suppentellern gleichmäßig verteilen. Die kalt eingeweichte Gelatine zu dem Sud geben, durch ein feines Sieb geben und die Filets damit bedecken.
Im Kühlschrank über Nacht fest werden lassen.

Beilage: Vor dem Anrichten mit Eischeibe und Essiggurke garnieren und mit Röstkartoffeln oder Salat servieren.

Schwammerlsulz'n

Zutaten
400 g gemischte Schwammerl
(Steinpilze, Pfifferlinge, Champignons, Austernpilze etc.)
1 Zwiebel, fein gewürfelt
2 Knoblauchzehen, geschält und gehackt
100 ml Olivenöl
Klarsichtfolie
500 ml Rinderbrühe
30 g Gelatine
Salz, gemahlener Pfeffer
Balsamico-Essig
150 g Gemüsewürfel (Lauch, Karotten, Sellerie), blanchiert
3 EL Petersilie, fein gehackt

In einer Pfanne das Olivenöl heiß werden lassen und die Schwammerl mit der Zwiebel und dem Knoblauch kurz, aber scharf anbraten, mit Salz und Pfeffer würzen. In ein Sieb geben und abkühlen lassen. Eine Kastenform mit der Klarsichtfolie auslegen.
In einem Topf die Brühe erhitzen und die Gelatine darin auflösen. Mit Balsamico-Essig, Salz und Pfeffer kräftig würzen und abkühlen lassen.
Pilze, Gemüsewürfel und Petersilie in die Form geben und mit dem fast stockenden Gelee auffüllen. Zugedeckt mindestens 5 Stunden lang im Kühlschrank stehen lassen.
Die Schwammerlsulz'n stürzen und in Scheiben servieren.

Beilage: Gebratene Knödelscheiben , Bratkartoffeln oder ein frisches Bauernbrot.

Zunge in Aspik

Zutaten
4 Scheiben gekochte Zunge
einige Gurken und Eierscheiben
1/4 l klare Fleischbrühe
3 Blatt weiße Gelatine

Zum Verzieren
Mayonnaise, Tomatenscheiben, Petersilie

Zuerst die in lauwarmes Wasser eingeweichte und ausgedrückte Gelatine in der gut abgeschmeckten, heißen Brühe auflösen. Durch ein Sieb von dieser Flüssigkeit in 4 kleine Formen einen Spiegel gießen. Sobald dieser halb erstarrt ist, darauf Zunge, Eier- und die Gurkenscheiben dekorativ anrichten und erneut etwas Sülze darübergießen. Die Speise erstarren lassen, stürzen und hübsch garnieren.

Beilage: frisches Bauernbrot

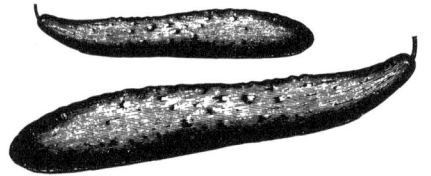

Gänsesülze

Zutaten
1 kg Gänseteile
250 g Mohrrüben
1 Sellerieknolle
150 g Erbsen
Salz, Pfeffer, Zucker
Lorbeerblatt
9 Blatt weiße Gelatine
Essigessenz
Worcestersauce
Zitronenscheiben
Petersilie

Die Gänseteile kalt abspülen und abtropfen lassen. In einem Topf mit kochendem Wasser die Gänseteile mit dem Salz, Pfeffer, Lorbeerblatt aufkochen lassen. Etwa 2 Stunden bei geringer Hitze garen.

20 Minuten vor Kochende die Möhren, Sellerieknolle und Erbsen dazugeben. Inzwischen die Gelatine einweichen.

Die Gänseteile nach der Garzeit aus der Brühe nehmen, das Fleisch von den Knochen lösen und in 2 cm große Stücke schneiden. Das Gemüse herausnehmen und zerteilen.

Nun die Brühe durchsieben, 3/4 l davon abmessen, die ausgedrückte Gelatine darin auflösen und mit Salz, Essigessenz, Worcestersauce und Zucker abschmecken. In einer Form von mindestens einem Liter Fassungsvermögen einen halben Zentimeter hoch die Gelatineflüssigkeit einfüllen und im Kühlschrank erstarren lassen. Anschließend dünne Zitronenscheiben und Petersilie auf die starre Masse auflegen und die Brühe mit dem Gänsefleisch und Gemüse darauf füllen. Über Nacht im Kühlschrank erstarren lassen. Vor dem Servieren stürzen.

Sauer macht lustig

Marinierte Bratheringe

Zutaten

2 kg grüne Heringe	10 Pfefferkörner
Salz	10 Pimentkörner (Nelkenpfeffer)
500 g Roggenmehl	2-3 Nelken
1/2 l Öl	2 Lorbeerblätter
2-3 Zwiebeln	1 TL Zucker
1/2 Flasche Essig	

Flossen, Schwänze und Köpfe von den Heringen abschneiden, die Fische ausnehmen, sauber waschen und abtrocknen. Leicht salzen und im Mehl wenden. Das überschüssige Mehl abklopfen.

In einer Pfanne mit reichlich heißem Öl die Fische portionsweise schön braun braten. Abkühlen lassen. Nun die Zwiebeln in Ringe schneiden und in einem Topf mit dem Essig und sämtlichen Gewürzen kochen lassen, bis sie glasig sind. Mit einem Seihlöffel herausnehmen.

Nun werden die Bratheringe mit den Zwiebeln in einen Steinguttopf bzw. Gläser schichtweise eingelegt. Die Lorbeerblätter und Nelken aus der Marinade herausfischen und die Bratheringe mit der Marinade begießen, so daß diese völlig bedeckt sind. 2-3 Tage an einem kühlen Platz ziehen lassen.

Beilage: Röstkartoffeln oder Bauernbrot

„Sauer macht lustig"

Deftige Pressack-Brotzeit

Pressack

Zutaten
Pro Person 120-150 g weißer und/
oder schwarzer Pressack
1/2 Zwiebel

Marinade
Essig, Wasser und Öl nach Geschmack
Salz und Pfeffer
Schnittlauchröllchen

Den Pressack in nicht zu dicke Scheiben schneiden und auf
Portionstellern bzw. auf einer Platte anrichten. Zwiebeln in
feine Ringe schneiden und den Pressack damit belegen. Alles mit Marinade begießen und 10 Minuten durchziehen
lassen.

Beilage:
Semmeln und Brezeln oder auch ein Stück Roggenbrot

Ochsenmaulsalat

Zutaten
1000 g Ochsenmaul
Essig, Öl
1 Stück Lauch
2 Zwiebeln
1 Stück Sellerie
1 gelbe Rübe
ein paar Pfefferkörner
ein paar Lorbeerblätter
Salz, Pfeffer

Das Ochsenmaul mehrmals sauber waschen und alle dunklen Stellen herausschneiden. Dann kocht man es in Salzwasser gemeinsam mit dem Suppengrün, Lorbeerblättern und Pfefferkörnern weich. Nach dem Auskühlen gibt man es kurz in den Kühlschrank, um es anschließend mit einem scharfen Messer besser schneiden zu können.

Die dünnen Scheiben werden dann mit den Zwiebeln und einer Salatsauce aus Essig, Öl, Salz, Pfeffer und ein wenig Wasser vermischt. Der Ochsenmaulsalat sollte einen Tag lang durchziehen.
Ochsenmaulsalat ist überaus pikant, kann auch bei Katerstimmung gereicht werden und ist eine ideale Ergänzung zu jedem echt bairischen Buffet.

Beilage: Bauernbrot, Semmeln

Rindfleisch in Essig und Öl

Zutaten
250 g gekochtes Rindfleisch
1 Zwiebel
1 großer Apfel
2 EL Essig
2 EL Brühe
2 EL Öl
2 EL Schnittlauch

Dieser Rindfleischsalat schmeckt köstlich im Sommer und hat sich auch als Katerfrühstück bestens bewährt.
In eine Schüssel gibt man 250 g in kleine Scheiben oder Streifen geschnittenes, gekochtes Rindfleisch, 1 kleine Zwiebel in Ringen, 1 geschälter und gestifteter Apfel. 2 EL Essig mit etwas fettarmer Brühe verdünnen, 2 EL Öl dazugeben, über das Fleisch gießen und gut durchziehen lassen. Vor dem Servieren mit Schnittlauch bestreuen.

Beilage: Bauernbrot, Schwarzbrot, Semmeln

Dillgurken

Zutaten
2,5 kg Salatgurken
1 l Weinessig
0,5 l Wasser
250 g Zucker
50 g Salz
2 Bund Dill
2 Zwiebeln
50 g Meerrettich (in Scheiben geschnitten)
1 EL Senfkörner
1 EL Pfefferkörner

Süßsauer macht bekanntlich lustig. Dillgurken sind eine besondere Spezialität, die als Beigabe zu vielen Brotzeiten passen. Die Zubereitung ist denkbar einfach: Man schält die Gurken und entkernt sie, schneidet sie in ca. zwei cm dicke Scheiben. Wasser und Essig werden unter Beigabe von Zucker und Salz erhitzt. In diesem Sud läßt man die Gurkenstücke einmal kurz aufkochen. (Sie dürfen nicht gargekocht werden!) Anschließend sind die Gurkenscheiben in handelsübliche Gläser zu schichten und mit dem warmen Essigsud aufzugießen. Die mit einem gut schließenden Deckel gefüllten Gläser sind kühl und dunkel aufzubewahren.

Gewürzgurken

Zutaten

3 Salatgurken
0,7 l Apfelsaft
100 ml Essigessenz
2 Lorbeerblätter
1 TL Kardamom

1 TL schwarze Pfefferkörner
1 TL Senfkörner
150 g Zucker
1 TL Salz
1 Bund Dill

Zubereitung wie beim Rezept der vorgenannten Dillgurken.

Süßsaure Kürbisse, Gurken, Melonen

Zutaten

Je 1000 g Fruchtfleisch
500 g Zucker
1/4 l Wasser
1/4 l Weißweinessig
3 Nelken
1 Stückchen Zimtstange
etwas abgeriebene Zitronenschale

Früchte schälen, halbieren und von allen Kernen befreien, in 2 cm breite und fingerlange Stückchen schneiden, in eine Schüssel geben und mit Weißweinessig bedecken. 3 Stunden zugedeckt stehen lassen. Dann den Essig wieder abgießen. Den Zucker im Wasser und Weißweinessig kochen, das Fruchtfleisch und die Gewürze hineingeben und kochen lassen bis es glasig ist und sich mit einem Holzstäbchen gut durchstechen läßt. Anschließend den gesamten Sud in vorbereitete große Gläser bzw. Töpfe abfüllen und nach dem Erkalten gut verschließen.

Wurstsalat

Zutaten
8 Regensburger, auch „Knacker" genannt
2 Zwiebeln
2 Gewürzgurken
je 1 Prise Salz und Pfeffer
4 EL Öl
4 EL Essig
Schnittlauchröllchen

Die Regensburger (hochdeutsch: Fleischwurst) enthäuten, in dünne Scheiben schneiden, ebenso auch die Zwiebeln in feine Scheiben schneiden. Je nach Wunsch kann man auch Gewürzgurkenscheiben hinzugeben, was jedoch nicht überall landesüblich ist. Die Gurken müssen aber dann zuvor gut abtropfen!
Aus Öl, Wasser, Essig, Pfeffer und Salz eine Marinade zubereiten und auf den „Salat" geben Damit der Wurstsalat gut mundet, sollte man ihn eine gute Viertelstunde vor dem Verzehr durchziehen lassen. Mit Schnittlauchröllchen bestreuen.

Ergänzt werden kann der Wurstsalat, um ihn zu dem auch in ganz Bayern bekannten „Schweizer Wurstsalat" zu machen, mit 50 Gramm Emmentaler (pro Person gerechnet). Den Emmentaler oder auch bayerischen Hartkäse in dünne Streifen schneiden und unter die Regensburger mischen.

Beilage: Zum Wurst- wie zum Wurst-Käsesalat können Bauernbrot, Weißbrot oder Semmeln gleichermaßen gereicht werden. Empfehlenswert sind als Beigabe auch Radieschen.

Ein Käs', der gar kein Käse ist

Original Bayerischer Leberkäs

Zutaten

500 g mageres Schweinefleisch vom Schlegel oder Schulter
500 g Rindfleisch, man verlangt mageres Suppenfleisch
500 g Bauchspeck vom Schwein
500 g Schweinebacken
50 g Salz,

4 Teelöffel Leberkäsgewürz das es beim Metzger gibt
1 kg Eisflocken
3 Knoblauchzehen
Majoran, Basilikum
eine Prise Kümmel
2 Eiweiß und 2 Eigelb

Das gesamte in Würfeln geschnittene, gut gekühlte Fleisch dreht man am besten durch die mittlere Scheibe des Fleischwolfes (oder entsprechenden Küchenmaschine) und läßt es in der Tiefkühltruhe sehr kalt werden.

Unter Beigabe von Eis und Gewürzen dreht man nun das Ganze ein zweites Mal durch den Fleischwolf. Hat man dann ein gut durchgeknetetes, geschmeidiges „Leberkäus-Brat", bindet man es mit dem Eiweiß. Anschließend wird diese Masse in eine gefettete Kastenform gefüllt (kann auch eine passende längliche Kuchenform sein) und bestreicht die glattgestrichene Oberseite mit dem verquirlten Eigelb.

Die Form wird dann in die Bratröhre geschoben, wo der Leberkäs dann bei einer Hitze von ca. 180 Grad am besten bäckt und eine schöne Kruste bildet. Schaden kann es nicht, um allzu große Blasen zu vermeiden, wenn man mit einer langen Nadel (auch Stricknadel) des öfteren in die Fleischmasse sticht. Leberkäs schmeckt warm und kalt gleichermaßen bairisch-gut!

Beilage: Am besten schmecken dazu frische Semmeln, Laugenbrezeln, mittelscharfer Senf und natürlich - wie könnt's auch anders sein - ein Weißbier oder auch ein frisch gezapftes Helles oder Pils.

Kalbsleberkäs

Zutaten
500 g mageres Kalbfleisch
250 g mageres Schweinefleisch
250 g Schweinebauch
 20 g Salz, 5 g Kalbslebergewürz (vom Metzger)
1 Prise weißen Pfeffer
1 Msp. Muskat
1 Teel. Zitronensaft

Fleisch und Specken zu einer feinen Masse im Fleischwolf verarbeiten und im Kühlschrank auf 5 Grad abkühlen. Anschließend alles mit dem Knethaken der Küchenmaschine unter Beimischung der Gewürze durchwalken. Das Brät (bairisch Brat) in eine Kastenform geben und ungefähr eine Stunde bei 180 Grad backen.

Der Leberkäs ist eine echte Leibspeis der Bayern seit altersher und darf deshalb keinesfalls bei einem bayerischen Brotzeit-Buffet fehlen. Wer sich die Mühe des Selbermachens sparen will, der kann sich heutzutage die Leberkäsrohsubstanz in Alufolie verpackt beim Metzger kaufen, um ihn zu Hause nur noch bei 160 -180 Grad im Rohr zu backen. Gegessen wird der in feine Scheiben geschnittene Kalbsleberkäs kalt oder warm.

Gleich eine ganze Mahlzeit kann man anbieten, wenn man Leberkäs in einer Pfanne mit ein wenig Fett anbräunt, darüber ein Spiegelei schlägt und mit Röstkartoffeln serviert.

Beilage: Ein mit Essiggurken angerichteter Kartoffelsalat

Gefüllter Leberkäs

Zutaten
8 Scheiben Leberkäs (nicht zu dick)
Hausmachersenf
Scheiblettenkäse (pro Person ca. 2 Scheiben)

Je eine Scheibe Leberkäse dünn mit Senf bestreichen, zwei Scheiben Käse darauflegen und mit der zweiten Leberkäshälfte belegen. In der Pfanne von beiden Seiten hellbraun braten.

Beilage: Semmeln, Kartoffelsalat

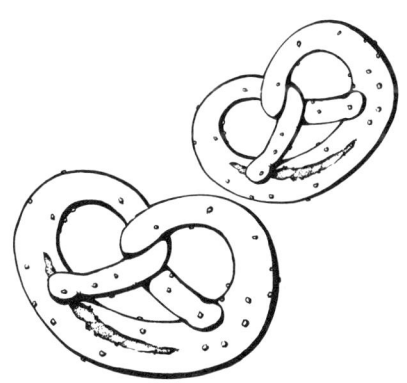

Auf Platten
und Brotzeittellern angerichtet

Rustikales Brot

Zutaten
12 Scheiben verschiedenes Brot
(Weizenmisch, Schrot-, Vierkornbrot)
4 mittelgroße Zwiebeln
4 EL kleingehackte, rote Paprikaschoten
2 Bund Schnittlauch
150 g Gänseschmalz
Salz

Was darf bei einem zünftigen Bierabend nicht fehlen? Natürlich Brot. Erst Brot macht leckere Sachen wie Wurst, Käse, Geräuchertes, Radieschen zu einem Genuß.

Zwiebeln schälen, kleinhacken und mit den Paprikastückchen vermengen. Schnittlauchröllchen schneiden. Mit dem Gänseschmalz die Brote bestreichen und leicht salzen. Darauf das Gemisch aus Zwiebeln und Paprika verteilen und mit den Schnittlauchröllchen bestreuen.

Eingelegte Eier

Zutaten
12 Eier
3 EL Salz
2 Chilischoten
Thymian
1 kleine Zwiebel
2 Lorbeerblätter
1 TL Kümmel
1 l Wasser

Die Eier 10 Minuten kochen, kalt abschrecken, schälen. In einem Topf das Wasser mit dem Salz, Chilischoten, Thymian, Zwiebel, Lorbeerblätter und Kümmel etwa 10 Minuten kochen lassen. Die Eier in ein Glasgefäß legen und den heißen Sud darübergeben. Im Kühlschrank zwei Tage ziehen lassen.

Beilage: Dazu schmeckt ein frisches Bauernbrot.

Käseplatte Emmentaler

Zutaten
ca. 300 g Emmentaler
Salz
Radieserl
Gewürzgurken
Brezeln

Den Emmentaler sollte man sich gleich beim Kauf in große, dünne Scheiben schneiden lassen. Auf einem großen Holzteller anrichten und vor dem Servieren mit Salz bestreuen. Mit Radieserl und Gewürzgurken garnieren.

Beilage: Brezeln oder Stangenweißbrot

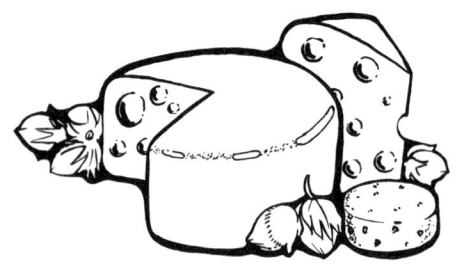

Bayerische Platte

Zutaten
8 Scheiben Bauernbrot
Salz-und Kümmelstangen
100 g Bavaria Blue
100 g Brie
100 g Pfefferkäse
2 Bund Schnittlauch
100 g Buttter
2 weiße Rettiche
Radieserl
Salz

Auf einem größeren Holzteller die Käsesorten anrichten. Schnittlauchröllchen schneiden. Die Bauernbrotscheiben mit Butter bestreichen, dick mit den Schnittlauchröllchen bestreuen und auf einem zweiten Holzteller plazieren. Mit einem Rettichschneider den Rettich spiralenförmig in Scheiben schneiden, leicht auseinanderziehen und mit Salz bestreuen.

Die Rettichspiralen und Radieserl um die etwas aufgeschichteten Brote legen.

Beilage: Salz - und Kümmelstangen gesondert dazu reichen.

Fleischpflanzerl

Zutaten
600 - 750 g Hackfleisch
(Schwein, Rind und Kalb gemischt)
1-2 altbackene Semmeln
2 Eier
1 Zwiebel
Salz, Pfeffer
2 Knoblauchzehen
Bratfett
Petersilie

Zuerst die Semmeln in kaltem Wasser einweichen, ausdrücken und zusammen mit dem Hackfleisch, der kleingehackten Zwiebel, den Eiern und der feingehackten Petersilie gut mischen und würzen. Aus dem Teig formt man runde Pflanzerl und drückt sie flach, etwa daumendick, und brät sie in einer Pfanne auf beiden Seiten schön braun bei nicht zu hoher Hitze und möglichst langsam, damit sie auch innen gar werden.

Beilage: Dazu schmecken Kartoffelsalat oder grüner Salat. Fleischpflanzerl schmecken auch kalt sehr gut, man serviert sie dann in 1/2 Zentimeter dicke Scheiben.

Kronfleisch

Zutaten
*1 Schweins-oder Rindskron
(Zwerchfellstück)
1/2 l kochende Fleischbrühe
2 gelbe Rüben
1 Stück Lauch
1 Stück Sellerieknolle
einige Pfefferkörner
Salz
Pro Portion 1 EL frisch geriebenen
Meerrettich und
1 kleine Essiggurke
Schnittlauchröllchen
mittelscharfer Senf*

Das vorher gewaschene Fleisch zusammen mit den in feine Streifen geschnittenen Gemüsen, den Pfefferkörnern und Salz in die kochende Fleischbrühe geben und ca. 15-20 Minuten garen (nicht länger, sonst wird es hart).

Serviert wird das Kronfleisch auf Holztellern mit Meerrettich, Essiggurken, Schnittlauchröllchen, und mittelscharfen Senf. Kronfleisch ist eine besondere Spezialität für den Stammtisch oder als zweites Frühstück. Eine Krone der „Schmankerl".

Beilage: Brezeln oder Semmeln.

Jetzt geht's um die Wurst

Weißwürste

Von Weißwürsten weiß man, daß sie das Zwölfuhrläuten nicht hören sollen. Darüber wird oft gesprochen und gestritten. Wichtig ist aber vor allem, daß man einen guten Metzger kennt, von dem man glaubt, daß er die besten hat.

Die Weißwurst ist das populärste Erzeugnis der Münchner Metzger, auch wenn ihre Qualität gelegentlich beanstandet wird. Ihre Existenz verdankt die Weißwurst einer Betriebspanne: Am 22. Februar 1857, einem Faschingssonntag, gingen in der Wurstküche der damaligen Gastwirtschaft zum „Ewigen Licht" am Marienplatz die dünnen Bratwurstdärme aus. Kurz entschlossen ließ Sepp Moser, der damalige Wirt, die Füllmasse einfach in dicke Därme spritzen und - weil das Ergebnis zum Braten zu umfangreich geworden war - in den Sudkessel werfen. Die unerwartete Begeisterung der Gäste animierte Moser und andere zur Verbesserung des Rezepts, bis es so feststand, wie es heute als klassisch gilt: 60 bis 65 Prozent Kalbsbrät, 10 Prozent Schweinespeck, 20 Prozent Gehacktes und Schwarten. Als Gewürze kommen noch Salz, Pfeffer, Zwiebeln, Zitronenschalen und Petersilie dazu.

Man verlangt die Weißwurst (Plural: Weißwürscht) nicht paar-, sondern stückweise, ißt dazu Brezeln und trinkt Weißbier. Gegessen wird sie entweder mit dem Naturbesteck (Finger) oder mit Messer und Gabel, indem man die Wurst quer halbiert und die jeweilige Hälfte nach Eintauchen des Anschnitts in groben Senf „auszuzzelt" (aussaugt).

Pro Person rechnet man 2-3 Stück. Im erhitzten Wasser werden sie einzeln eingelegt. Das Wasser darf nicht kochen, denn die Würste sollen ja nur garziehen und dürfen nicht platzen. Sobald sie heiß genug sind, kommen sie mit dem Wurstwasser in eine Schüssel (oder spezielle Weißwurstterine) und werden mit süßem Hausmachersenf, Brezeln, Semmeln und einem guten Bier serviert.

Weißwurstterrine

Verschiedene Bratwürste mit Sauerkraut

Würste zum Aufheben

Zünftige Bauernbrotzeit

Hausgemachter Weißwurstsenf

Zutaten
1 Liter Wasser
1 Liter Weinessig
1 Zwiebel
2 Nelken
400 g gelbes Senfmehl
100 g grünes Senfmehl
500 g brauner Zucker (Farin)

Wasser, Essig, ganze Zwiebel und die Nelken aufkochen. Den Zucker und die beiden Senfmehlsorten einrühren und einige Minuten köcheln lassen. Sobald die Masse ausgekühlt ist, nochmals gut durchrühren und anschließend in Twist-off-Gläser oder auch in kleine Steinguttöpfchen abfüllen. Gut verschließen. Der Senf hält sich so mehrere Monate.

Hausmacher-Senf

Zutaten
1 3/4 l Wasser
1000 g Zucker
1 Zwiebel
10 Nelken
500 g Senfmehl
(400 g süß, 100 g scharf)
1/4 - 1/2 Flasche Weinessig

Wasser mit Essig und Zucker aufkochen lassen, die mit Nelken besteckten Zwiebeln dazugeben. Alles abkühlen lassen. Die Zwiebeln mit den Nelken wieder aus dem Sud herausnehmen und das Senfmehl unterrühren. 5 Tage ruhen lassen. Anschließend in Gläser abfüllen.

Stadtwurst mit Musik

Zutaten

500 g Nürnberger Stadtwurst
Essig, Öl, Salz, Pfeffer
2 Zwiebeln

Von der Wurst wird die Haut abgezogen und in dünne Scheiben geschnitten. Dann macht man sie mit viel Zwiebelringen in Essig, Öl, Salz, Pfeffer und etwas Wasser an. Alles gut
durchziehen lassen

Beilage: Bauernbrot

 # Saure Zipferl

Zutaten

4 - 6 große Schweinsbratwürste
1 Tasse Essig
2 Zwiebeln
Salz
1 TL Zucker
2 Lorbeerblätter

Einen Sud aus einem Liter Wasser, Salz, Zucker, Lorbeerblättern, Essig und Zwiebelringen herstellen, aufkochen
lassen und vom Herd nehmen. Die Würste hineingeben
und gut 15 Minuten ziehen lassen. Dann gibt man die Würste mit einem Teil des Sudes und allen Zwiebeln in eine
Schüssel.

Beilage: Bauernbrot mit frischer Butter

G'schwollne

Diese weißen Kalbswürste gibt es nur in Bayern und haben keine Haut. Im Volksmund heißt es: Ein Metzger wollte Würste machen, hatte aber keinen Darm mehr und so versuchte er es ohne ihn. Seitdem gibt es G'schwollne oder Wollwürst, wie sie auch genannt werden. Sie werden in Milch getaucht und in der Pfanne goldgelb gebraten. Da sie nur einen sehr milden Geschmack haben, serviert man sie mit süßen Hausmachersenf, würzigem Kartoffelsalat oder Sauerkraut. Pro Person berechnet man auch hier 2-3 Stück.

Schweinswürstl

Schweinswürstl sind kleine Bratwürste mit viel Majoran gut gewürzt. Man macht sie in Wasser heiß, taucht sie in Milch (damit sie beim Braten eine schöne Farbe bekommen) und brät sie anschließend in der Pfanne schön braun. Auf Sauerkraut angerichtet - 6 Stück pro Person sind die Regel - sind sie eine beliebte Brotzeit.
Beilage: Brezeln oder Semmeln.

Blutwurstgröstl

Zutaten
750 g gekochte Kartoffeln
3 Blutwürste
100 g Schweineschmalz
1 Zwiebel
1 TL Majoran
Salz, Pfeffer, Kümmel
nach Geschmack

Die kleingehackte Zwiebel in einer Pfanne mit dem Schweineschmalz andünsten. Dann kommen die in Scheiben geschnittenen Kartoffeln, Salz, Pfeffer, Majoran und etwas Kümmel dazu. Alles knusprig braten. Zum Schluß die Blutwurstfülle daruntermischen und noch einmal gut durchbraten.

Gebratene Blutwurst mit Äpfel und Zwiebel

Zutaten
2 Ring Blutwurst
2 mittelgroße Zwiebel
2 säuerliche Äpfel
Butter
Salz, Pfeffer, Thymian

Die halbierte Zwiebel in feine Scheiben schneiden und in einer Pfanne mit etwas Butter andünsten. Äpfel vierteln, ebenfalls in Scheiben schneiden und zu den Zwiebeln geben. Dann gibt man die in feine Scheiben geschnittene Blutwurst dazu und würzt mit Thymian, Salz und Pfeffer nach Geschmack. Sobald die Blutwurst heiß ist, servieren.
Beilage: Röstkartoffeln oder Bauernbrot

Fränkische Winzermahlzeit

Zutaten

8 kleine Bratwürste
1 Zwiebel
150 g Preßsack
150 g Leberwurst
150 g Blutwurst
Essig
3-5 süßsaure Gurken
Radieserl

In einem heißen Essigsud, der mit Zwiebelscheiben angereichert ist, die Bratwürste einlegen und 10 - 15 Minuten ziehen lassen. Die Bratwürste mit dem heißen Sud in einen Steinguttopf umfüllen und auf ein großes Holzbrett stellen. Um den Topf herum Preßsack, Blutwurst, Leberwurst und Gurken in Scheiben hübsch anrichten und mit Radieserl garnieren.
Beilage: Bauernbrot

Nürnberger Gwerch

Zutaten

250 g Nürnberger Stadtwurst
weiße und rote gemischt
250 g Preßsack, weißer und roter gemischt
3 Zwiebeln
Essig, Öl, Salz und Pfeffer nach Geschmack

Zuerst die Haut von der Wurst abziehen und in dünne Scheiben schneiden, den Preßsack in Stücke schneiden und mit reichlich in dünne Scheiben geschnittenen Zwiebeln in Essig, Öl, etwas Wasser, Salz und Pfeffer anmachen. Alles gut durchziehen lassen!
Beilage: Bauernbrot

Blut- und Leberwürste

Zutaten
4 mittelgroße Blut- und 4 Leberwürste
(an Schlachttagen kaufen)
40 g Fett

etwa 20 Minuten in siedendem Wasser ziehen lassen oder in 40 g Fett auf beiden Seiten langsam anbräunen (sie dürfen nicht platzen).

Beilage: Schmecken vorzüglich zu Sauerkraut, Kartoffelpüree oder Bratkartoffeln.

Allgäuer Wursttoast

Zutaten
4 Scheiben Bauernbrot
400 g Schinkenwurst
100 g geriebenen Allgäuer Käse
4 TL Butter
4 TL Senf
4 Tomaten
Salz, Pfeffer
1 Bund Basilikum

Die Brotscheiben mit Butter bestreichen, mit der in Scheiben geschnittenen Schinkenwurst gleichmäßig belegen und mit Senf bestreichen. Tomaten in Scheiben schneiden und auf die Wurstscheiben legen. Salzen, pfeffern und mit dem kleingehackten Basilikum bestreuen. Darauf den Allgäuer Käse verteilen und in der oberen Schiene des Backofens überbacken, bis er eine schöne, braune Farbe hat.

Die besten bayerischen Brotaufstriche

Landpastete

300 g Schweineschulter
300 g Entenkeulen, sehnenfrei
250 g Schweinespeck
3 Knoblauchzehen
1 TL Majoran
Pfeffer, Salz
5 EL Weinbrand
5 EL Portwein

2 Äpfel, geschält, entkernt
2-3 Zwiebeln, geschält
und fein geschnitten
1 EL Butter
etwas Muskatnuß
zerdrückte Wacholderbeeren
Thymian, Salbei

Schweineschulter, Entenkeulen, Schweinespeck in grobe Würfel schneiden und darüber den abgemessenen Weinbrand und Portwein gießen. Mit Knoblauch, Majoran, Salz, Pfeffer würzen und in einer zugedeckten Schüssel ca. 24 Stunden im Kühlschrank stehen lassen.
In einer Pfanne die Butter erhitzen und darin die Äpfel und Zwiebelstreifen braten. Auskühlen lassen.
Durch die feine Scheibe des Fleischwolfes (bzw. Küchenmaschine) die Äpfel und Zwiebeln durchdrehen. Mit Muskat, zerdrückten Wacholderbeeren, Thymian und Salbei würzen und abschmecken. Alles glattrühren.
Eine Terrinenform leicht ausfetten und die Masse hineingeben. Terrine mit Deckel gut verschließen und im Wasserbad im Ofen bei ca. 130 Grad mindestens eine Stunde garen. Abkühlen lassen und servieren.

Beilage: Bauernbrot

Griebenschmalz

Zutaten
1 kg Schweineflomen (Bauch- oder Nierenfett vom Schwein)
4 Zwiebeln
4 Äpfel
1 TL Majoran (frisch oder getrocknet)
1 TL Beifuß (frisch oder getrocknet)

Wer das Schweinefett nicht selber in Würfel schneiden und zu Hause durch den Fleischwolf drehen will, der kann dies auch gleich in der Metzgerei erledigen lassen. Verwendet werden muß dabei - ob zu Hause oder in der Metzgerei - die grobe Scheibe des Fleischwolfs. Gewürfelt und in kleine Stücken von etwa einem halben Zentimeter kleingeschnitten werden müssen auch die Äpfel und Zwiebeln.

Zuerst gibt man das Schweinefett in einen großen Tiegel und läßt es langsam aus, was bei kleinster Hitze geschehen muß - etwa 50 bis 80 Grad. Werden die ersten goldgelben Grieben erkennbar, dann gibt man die Gewürze, Zwiebel- und Apfelstücke hinzu. Im geschlossenen Topf ist dann das Griebenschmalz in gut 30 Minuten fertig.

Das Fett durch ein Sieb abgießen, die Grieben später wieder untermischen, wenn sich das Fett langsam verfestigt. Gut kühlen und in Steinguttöpfchen servieren.

Für eine Brotzeit an heißen Sommertagen eher weniger geeignet.

Beilage: Als Brotaufstrich für Schwarz- wie Weißbrot bestens geeignet.

Emmentaler-Butter

Zutaten
200 g Butter
250 g Emmentaler oder anderen Hartkäse
4 Maiskölbchen
10 gefüllte grüne Oliven
1 Knoblauchzehe
je zwei Zweige frischer Dill, Schnittlauch,
Petersilie, Rosmarin
1 TL grüner Pfeffer
1/4 TL Salz

Die Butter langsam bei kleiner Hitze in einem Topf zerlassen und schaumig rühren. Den Emmentaler reiben, die restlichen Zutaten klein hacken und mit der zerdrückten Knoblauchzehe und dem geriebenen Käse zu der Butter geben. Gut durchrühren und in einem Steinguttöpfchen erkalten lassen.

Beilage: Bauernbrot, Semmeln, Brezeln

Schmalzfleisch

Zutaten
500 g Schweinebauchfleisch
400 g Schweineflomen (Bauch- oder Nierenfett vom Schwein)
1 EL Salz
1/2 TL groben Pfeffer
1 Msp. geriebener Muskatnuß
1 Msp. Koriander
1/2 TL Majoran

Deftig und sehr lecker ist Schmalzfleisch, dessen Zubereitung keinesfalls schwierig ist. Fleisch und Fett müssen durch den Fleischwolf gedreht werden, was jedoch auch der Metzger gerne besorgt - vor allem geht es bei ihm schneller! Diese Mischung wird dann in einem Topf bei geringer Hitze von etwa 100 Grad ausgelassen, wobei man unter Umrühren die Gewürze beimischt. Ist das Fett geschmolzen und das Fleisch leicht geröstet, füllt man das Ganze am besten in Steinguttöpfchen.

Beilage: Schmalzfleisch schmeckt zu Schwarzbrot- wie auch knusprigem Weißbrot gleichermaßen gut. Besonders lecker mundet dazu ein mit Zwiebel hergestelltes Stangenweißbrot.

Gänseschmalz

Zutaten

500 - 600 g Gänsefett	Majoran (frisch oder getrocknet)
1 Zwiebel	Salz
1 Apfel	

Vor der Zubereitung legt man das Gänsefett ca. 24 Stunden lang in frisches Wasser, das man öfter erneuert. Danach gut abtropfen lassen, in Würfel schneiden und mit einer Prise Salz, 1 Apfel, 1 Zwiebel und dem Majoran in einem Topf bei geringer Hitze auslassen, wobei es häufiger umgerührt werden muß.

Sobald das Schmalz klar und die Grieben gelbbraun sind, gießt man es durch ein Sieb in einen Steinguttopf.

Beilage: Ein köstlicher Brotaufstrich auf frischem Bauernbrot.

Variante:

Durch Mischung von zwei Teilen Gänsefett und einem Teil Schweineflomen wird ein besonders herzhaft-kräftiger Brotaufstrich gewonnen:

Die Schweineflomen werden mit einem kleingeschnittenen Apfel und kleingeschnittener Zwiebel bei kleiner Hitze im Topf langsam ausgelassen. Wenn die Flomen goldbraun und knusprig sind, gibt man das Gänsefett dazu, würzt mit Salz und wird gut durchgemischt zur Erstarrung in den Kühlschrank gestellt.

Im Kühlschrank oder im Keller hält sich Schmalz 3 Monate. Durch Beigabe von Äpfeln verdirbt Schmalz allerdings schneller. Wer auf Äpfel dennoch nicht verzichten möchte, sollte das Rezept halbieren und lieber kleinere Portionen machen.

Erdäpfel-Kas

Zutaten
500 g Kartoffeln
2 mittelgroße Zwiebeln
250 g Sauerrahm
Salz, Pfeffer
Schnittlauchröllchen

500 g Kartoffeln am Vortag kochen, fein reiben oder durch eine Presse drücken. 2 mittelgroße Zwiebeln fein schneiden. Die Zutaten mit dem Sauerrahm und Salz und Pfeffer gut vermischen und abschmecken. Mit Schnittlauchröllchen oder anderen Kräutern garnieren. Erdäpfelkas ist ein vorzüglicher Brotaufstrich.

Beilage: Bauernbrot, Semmeln.

Radi mit Schnittlauchbrot

Zutaten
4 Radi (weißer Rettich)
Salz, Butter
4 Scheiben Bauernbrot
Schnittlauch

Mit dem Radischneider läßt sich der Radi dekorativ in Spiralen schneiden, auf Holztellern hübsch anrichten und mit Salz bestreuen. Die Butter dick auf das Bauernbrot streichen und reichlich mit Schnittlauchröllchen bestreuen. Ebenfalls auf Holzteller legen und mit einem kühlen, frischen Weizenbier servieren.

Topfenkaserl

Zutaten

500 g Topfen
ca. 500 g Emmentaler
Salz, Pfeffer nach Geschmack
2 TL Kümmel

Durch ein Tuch den Topfen ausdrücken, dann den Käse fein reiben. Alles gut vermischen und kleine Laiberl formen. Ein Holzbrett mit Pergament überziehen und die Laiberl darauf in einem trockenen Raum ca. eine Woche trocknen lassen.

Beilage: Ein kräftiges Bauernbrot.

Rottaler Streichkäs

Zutaten
1 kg Magerquark
1/2 l Wasser
1 EL Butter
1 TL Kümmel

Den Quark gut ausdrücken, mit der Hand zerbröseln und in eine Tonschüssel geben. Mit einem Tuch zudecken. An einem warmen Ort (20 Grad) zwei Tage lang stehen lassen. Nach dieser Reifezeit gibt man den Quark zusammen mit Wasser, Butter und Kümmel in einen Topf und erhitzt diese Masse unter ständigem Rühren auf etwa 80 Grad. Vom Herd nehmen und weiterrühren, bis alles erkaltet ist.

Beilage: Dieser köstliche Streichkäs schmeckt mit frisch gemahlenem Pfeffer, Butter und Radi besonders gut zu Schwarzbrot.

Hausmacher-Leberwurst

Zutaten

1/2 Schweineherz
500 g Schweineleber
250 g frischer Bauchspeck
500 g mageres Schweinefleisch
2 Zwiebeln
3 Knoblauchzehen
Salz
2 EL grüne eingelegte Pfefferbeeren
getrockneter Majoran und Thymian

In einem Topf mit reichlich Salzwasser das Herz garkochen. Anschließend von allem Fett befreien und ganz klein würfeln. Die enthäutete und von allen Sehnen befreite Leber zusammen mit dem Speck, Schweinefleisch, Zwiebeln, Knoblauch zweimal durch den Wolf drehen. Die Herzwürfel daruntermengen. Mit Salz und Pfeffer kräftig abschmecken, vorsichtig mit Majoran und Thymian würzen, da ja der Fleischgeschmack erhalten bleiben soll. Dann die Wurstmasse in saubere 1/2 Liter-Weckgläser füllen. Darauf achten, daß kein Fett auf dem Glasrand verbleibt, sauber putzen!

Alles gut mit dem Original-Gummi und-Deckel verschließen. In einem Wecktopf bei 90 Grad C ca. 120 Minuten sterilisieren.

Haltbarkeit: 3 Monate, öfter kontrollieren, ob sich nicht vielleicht ein Glas geöffnet hat.

Beilage: Eine köstliche Brotzeit zu deftigem Bauernbrot.

Liptauer Käse

Zutaten

175 g Butter
500 g Magerquark
1   Zwiebel
1 EL Kapern
1 TL Kümmel
1 TL Senf
1 Prise Salz, Pfeffer
1 EL Paprika
 Schnittlauch

Die geschmeidige Butter mit den feingehackten Zwiebeln, Kapern wie den Gewürzen gut verrühren. Anschließend gibt man den gut abgetropften Quark dazu und verrührt alles zu einer cremigen Masse. Den Schnittlauch erst zum Schluß darüber streuen.

Den Liptauer in eine Steingutschüssel füllen und kühl stellen. Auf einem Brotzeitbrettel mit Zwiebelringen und geviertelten Tomaten servieren.

Beilage: Semmeln, Brezeln, Bauernbrot

Obatzter

Zutaten

500 g reifer Camembert
250 g Doppelrahm-Frischkäse
80 g Butter
Salz, Pfeffer, Kümmel, Paprika
2 mittlere feingehackte Zwiebeln
4 Eßlöffel Bier
Schnittlauch

Camembert und Frischkäse (alle Zutaten sollen zimmerwarm sein) mit einer Gabel leicht zerdrücken. Die Butter, die anderen Zutaten und zum Schluß das Bier zugeben. Das Ganze gut vermischen. Mit Schnittlauch bestreuen.

Beilage: Mit Radieserl, Zwiebelringen, Bauernbrot, Laugenbrezeln und einer gut gekühlten Maß Bier servieren.

Obatzter und Liptauer Käse

Brotzeit mit Radi- und Krautsalat

Da haben wir den (bayerischen) Salat...

Milder Rettichsalat

Zutaten
230 g schwarze Winterrettiche
150 g Möhren
150 g säuerliche Äpfel
2 EL grob gehackte Haselnüsse
100 g Feldsalat

Für die Sauce:
100 g saure Sahne
100 g Joghurt
1 1/2 EL Apfelessig
1/4 TL Kräutersalz
2 EL frische gehackte Kräuter

Die Zutaten für die Sauce verquirlen, die Kräuter hinzufügen und unterrühren. Möhren und Rettiche putzen, unterfließendem Wasser sauberbürsten und fein raspeln. Von den Äpfeln das Kerngehäuse entfernen, in feine Scheiben schneiden. Die Sauce unterheben. Auf einer Platte den Salat berartig aufhäufeln und mit den gehackten Haselnüssen bestreuen. Feldsalat putzen, waschen, trockenschleudern und kranzförmig um den Rettichsalat anrichten.

Weißkrautsalat mit Speck

Zutaten
1 Kopf Weißkraut
60-80 g Speck
2 EL Essig
2 EL Öl
Salz

Von dem halbierten Weißkraut die äußeren Blätter und dicken Strunke entfernen, fein hobeln oder schneiden. In Salzwasser aufkochen lassen und abgießen.

Nun die Speckwürfel hellbraun braten und zusammen mit Essig, Salz, Öl und einer kleinen Prise Zucker über das Kraut geben und gut durchmischen. Am besten schmeckt der Krautsalat, wenn er noch warm ist.

Rettichsalat Bavaria

Zutaten
1 großer weißer Rettich
2 Bund Radieschen
2 Zwiebeln
600 g Lyoner Wurst
2 Bund Schnittlauch
1 Bund Petersilie
1/2 Tasse Öl
1/2 Tasse Weinessig
1 Tasse Fleischbrühe
Salz
Pfeffer
1 Prise Zucker

Den Rettich schälen und hobeln, Radieschen in Scheiben schneiden, Zwiebeln schälen und ebenfalls in Scheiben schneiden. Lyoner Wurst enthäuten und in Scheiben schneiden, Schnittlauchröllchen schneiden und die Petersilie feinhacken. Alle Zutaten in einer Schüssel miteinander vermischen.
Aus Öl, Weinessig, Fleischbrühe eine Marinade herstellen und mit Salz, Pfeffer, Zucker abschmecken. Den Salat damit anmachen und im Kühlschrank eine halbe Stunde ziehen lassen.

Beilage: Zu diesem zünftigen Salat gehören ein frisch gezapftes Bier und knusprige Salzbrezeln.

Erdäpfelsalat

Zutaten
1 1/2 kg Erdäpfel
1 mittelgroße Zwiebel
Weinessig, Öl
Salz und Pfeffer

Die Erdäpfel in Salzwasser kochen, pellen und in dünne Scheiben schneiden. Noch warm kommen die Erdäpfel anschließend in eine Schüssel, mit etwas Weinessig leicht bespritzen und ein wenig ruhen lassen.
Aus Essig, reichlich Öl, einer halben kleingeschnittenen Zwiebel, Salz und Pfeffer eine Marinade herstellen. Sobald die Erdäpfel kalt sind, die Marinade unterziehen.

Besonders gut schmeckt er, wenn er mit Gurken oder Endiviensalat vermischt wird. Dazu eine 1/2 Gurke in feine Scheiben schneiden, leicht salzen, etwas ziehen lassen und unter die Kartoffeln mischen. Endiviensalat waschen, in feine Streifen schneiden und möglichst trocken unter den Kartoffelsalat geben.

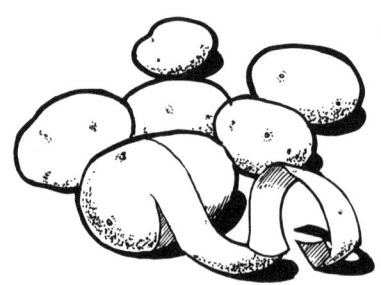

Allgäuer Salat

Zutaten
1/2 Salatgurke
250 g Allgäuer Emmentaler
150 g Schinkenwurst
3 Tomaten
1 Zwiebel
4 EL Weinessig
Salz, Pfeffer
Senf
4 EL Öl

Gurke schälen und in dünne Scheiben schneiden, Käse und Schinkenwurst in Streifen schneiden. Die Zwiebel kleinhacken, die Tomaten vierteln und alles in einer Schüssel vermischen. Aus 4 EL Weinessig, 4 EL Öl, wenig Salz, Pfeffer, Senf eine Marinade herstellen und über den Salat gießen. Vor dem Servieren etwas durchziehen lassen.

Beilage: Verschiedene Brotsorten, Semmeln und Brezeln

Apfelkren (Meerrettich)

Zutaten
5-6 Äpfel
1 halbe Zitrone
60 g Zucker
2 Semmeln
Öl, Essig
Salz
Kren

Äpfel schälen, vierteln und in ca. 1 l Wasser mit etwas Essig legen. In einer Kasserolle das Wasser mit dem Zucker und dem Saft einer halben Zitrone aufkochen.
Sobald es siedet, die Äpfel hineingeben und zugedeckt weich dünsten. Von den Semmeln die Rinde ablösen und in kaltem Wasser einweichen. Die Äpfel mit den geweichten und gut ausgedrückten Semmeln durch ein Sieb in eine tiefe Schüssel passieren. Gut abkühlen lassen.

Dann fügt man etwas Salz, zwei Eßlöffel geriebenen Kren, einen Eßlöffel Öl und Essig nach Geschmack hinzu. Alles zu einer dicken Sauce rühren. Je nach Geschmack kann man auch noch etwas Zucker hinzugeben.

Eingelegter Knoblauch

Zutaten
Ca. 500 g frischer Knoblauch
1 Lorbeerblatt
Pfefferkörner
1/2 TL getrockneter Rosmarin
1/4 l trockener Weißwein
1/8 l Weinessig
1 TL Salz
1 TL Zucker
Olivenöl

Die Knoblauchzehen schälen und kurz (1 Minute) in kochendes Salzwasser legen. In kleine dekorative Gläser werden dann Knoblauch, Loorbeerblatt, Pfefferkörner und Rosmarin abwechselnd geschichtet. Weißwein, Weißweinessig, Salz und Zucker aufkochen und den Sud über den Knoblauch gießen. Abkühlen lassen.
Anschließend zur Konservierung noch einen kleinen Schuß Olivenöl darüber geben. Mit Twist-Off-Deckeln oder Klarsichtfolie verschließen und 2-3 Wochen an einem kühlen Ort durchziehen lassen.

Eingelegten Knoblauch sollte man innerhalb 3 Monate aufbrauchen.

Sauerkrautsalat

Zutaten
500 g Sauerkraut
Speckwürfel
1 kleingehackte Zwiebel
Essig
Salz, Pfeffer
Knoblauch
eine Prise Zucker und Nelkenpulver
Rosinen oder Apfelwürfel

Das Kraut wird ein wenig kleiner geschnitten und mit Öl oder ausgelassenen Speckwürfeln, Zwiebel, Essig , Salz, Pfeffer, einer Knoblauchzehe, einer winzigen Spur Nelken und Zucker abgeschmeckt. Nach Belieben kann man auch eingeweichte Rosinen oder Apfelwürfel oder saftige Dörrzwetschgen daruntermischen. Zuletzt streut man Schnittlauch oder Petersilie darüber.

Kartoffelsalat mit Gurke oder Endivie gemischt

Zutaten
1 kg Salatkartoffeln
1 Salatgurke oder Endivienstaude
1 Zwiebel
Essig, Öl
Salz, Pfeffer
eine Prise Zucker
1/4 l Fleischbrühe
2 EL Sauerrahm

Kartoffeln kochen, schälen und noch heiß in dünne Scheiben aufschneiden. Die Gurke schälen und hobeln, oder wenn man mit Endivie mischt, den Salat in feine Streifen schneiden, gründlich waschen und zu den Kartoffeln geben. Aus der kleingeschnittenen Zwiebel, Salz, Pfeffer, Essig, Zucker, Öl eine Marinade anrühren und über den Salat gießen. Macht man den Salat mit Gurke, kann man noch Sauerrahm unterrühren, nimmt man aber Endivie dazu, so schmeckt es besonders gut wenn man Speckwürfel anbrät und über den Salat gibt. Damit der Kartoffelsalat nicht zu trocken wird, kann man bei beiden Varianten Fleischbrühe dazuschütten.

Eine herbstliche Brotzeitvariante

Eierschwammerln mit Speck und Rührei auf Schwarzbrot

Zutaten
500 g Eierschwammerl
(Pfifferlinge) geputzt
100 g durchwachsenen Bauchspeck
100 g Zwiebelwürfel
4 Scheiben Schwarzbrot
80 Butter
1 Knoblauchzehe
4 Eier
2 EL Petersilie, gehackt
Salz, Pfeffer, Kümmel

Speckstreifen in feine Scheiben schneiden und in einer großen Pfanne bei mittlerer Hitze anbraten, bis sie knusprig sind, dann die Zwiebelwürfel andünsten, die geputzten Pfifferlinge dazugeben und bei großer Hitze solange braten, bis die sich bildende Flüssigkeit verdampft ist.

Inzwischen in einer anderen Pfanne die Brotscheiben in Butter mit Knoblauch auf beiden Seiten anbraten. Sobald bei den Pilzen die Flüssigkeit verkocht ist, mit Salz, Pfeffer, Kümmel und Petersilie würzen, die Eier darüberschlagen und unter Rühren leicht fest werden lassen.

Beilage: Auf den gerösteten Brotscheiben anrichten.

Kartoffel- Champignongröstl

Zutaten
500 g gekochte und in Scheiben geschnittene Kartoffeln
150 g feingeschnittene Champignons
150 g in kleine (etwa einen Zentimeter) große Würfel,
geschnittenes geräuchertes Bauchfleisch vom Schwein
(Wammerl)
1 zerhackte Zwiebel
1/2 Stange Lauch in dünne Scheiben geschnitten
jeweils eine Prise Salz, Kümmel, Pfeffer, Majoran,
Speiseöl

Gröstel zubereiten, das geht schnell. Zwiebel, Lauch, Champignons sind gemeinsam mit dem in kleine Stücke geschnittenen Wammerl leicht zu glasieren. Anschließend gibt man die Kartoffeln hinzu. Alles wird dann kräftig in einer möglichst großen Pfanne unter ständigem Wenden geröstet. Zum Schluß wird das Ganze mit Majoran, Salz, Kümmel und Pfeffer gewürzt und abgeschmeckt. Gröstel müssen natürlich heiß serviert werden - am besten stellt man die Pfanne auf den Tisch und jeder kann sich nehmen, so viel er mag.

Beilage: Deftiges Bauernbrot

Bauernbrot macht Wangen rot

Bauernbrot

Zutaten
1 1/4 kg Roggenmehl (Type 1150)
250 g Weizenmehl (Type 405)
800 g Sauerteig
1/2 l - 3/4 l lauwarmes Wasser
50 g Salz
1 EL Zucker

Die Mehlsorten miteinander vermischen. In die Mitte eine
große Mulde hineindrücken und den Sauerteig eingießen. Alles gut durchmischen. Je nach Konsistenz des Sauerteiges das
lauwarme Wasser zufügen, salzen und zuckern. Den Teigbal-
len abschlagen und auf einem Backbrett kräftig durchkneten
und einige Stunden mit einem Tuch zugedeckt gehen lassen.
Wieder durchkneten und zu einem schönen, länglichen, ho-
hen Laib formen. Zugedeckt wiederum eine weitere Stunde
gehen lassen.
Inzwischen den Backofen auf 225 Grad (Gas Stufe 4) vorheizen) Den Laib auf ein gefettetes Backblech legen, mehrmals mit einer Stricknadel einstechen und in den Backofen
schieben. Auf den Boden des Backofens einen kleinen flachen
Topf mit heißem Wasser stellen und die Tür schließen. Back-
zeit: $1^1/_2$ Stunden.

Salzbrezeln

Zutaten

500 g Weizenmehl (Type 405)
2 TL und 3 EL Salz
1/4 Würfel Bäckerhefe (10 g)
1 Peise Zucker
1/8 l lauwarmes Wasser
20 g Butter

1/8 l lauwarme Milch
3 l Wasser
2 EL Salz
3 EL grobes Salz

Das gesiebte Mehl mit 2 TL Salz mischen, in der Mitte eine Mulde drücken, die Hefe hineinbröckeln. Den Zucker darüberstreuen, mit 4 EL lauwarmen Wasser und etwas Mehl vom Muldenrand anrühren und zugedeckt 10 Minuten gehen lassen. Die Butter in der lauwarmen Milch schmelzen. Den Vorteig unterrühren, Milch und restliches Wasser zugeben. Den Teig abschlagen, bis er sich von der Schüssel löst. Auf dick bemehltem Brett glattkneten. 30 Minuten zugedeckt gehen lassen, danach nochmals kräftig kneten und in 15 Stücke teilen. Jedes Teil zu einem Strang mit dickem Mittelstück und dünnen Enden von ca. 30 cm Länge rollen, Brezeln formen, dabei die Enden gut auf die dickeren Seiten drücken. Brett immer wieder bemehlen. Die Brezeln nochmals 10 Minuten zugedeckt ruhen lassen. Backofen auf 230 Grad vorheizen. In einem großen Topf 3 Liter stark gesalzenes Wasser zum Kochen bringen. Die Brezeln nacheinander hineingeben und sofort herausnehmen, wenn sie hochkommen. Zum Abtropfen auf ein Küchentuch legen. Am dicken Mittelstück etwas zuschneiden und mit groben Salz bestreuen. Auf bemehltem Backblech in den Backofen schieben. 1/2 Tasse Wasser auf den Ofenboden gießen, Türe schließen. Temperatur auf 200 Grad herunterschalten und die Brezeln 30 Minuten hellbraun backen lassen.

Geräuchertes

Geräucherter Schweinebauch

Zutaten
1 kg durchwachsener Schweinebauch (Wammerl)

Lake
2 l Wasser
50 g Salz
50 g Zucker
1/2 TL Pfeffer (gemahlen)
Wacholderbeeren
1 TL Kümmel

Den gut durchwachsenen Schweinebauch in ca. 3 cm dicke Scheiben schneiden und einen halben Tag lang in der Lake im Kühlschrank ziehen lassen.

Anschließend die Fleischstücke gut abtrocknen, bevor sie zum Heißräuchern auf einen Rost in einen Räucherofen gelegt werden. Der Räucherprozeß wird hierbei eine Zeit von ein bis zwei Stunden in Anspruch nehmen. Dieses Rezept eignet sich für Kleingeräte.

Beilage: Zusammen mit einem frischen, duftenden Bauernlaib und einer Maß Bier eine schmackhafte Brotzeit.

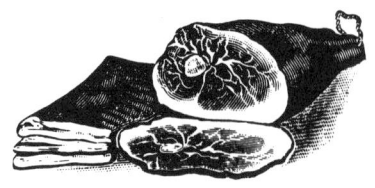

Geräucherte Gänsebrust

Zutaten
Beliebig viele Gänsebrüste
1 l Wasser
100 - 150 g Salz
10 g Zucker
1 zerhackte Knoblauchzehe
1 g Salpeter

Aus Wasser, Salz, Knoblauch und Zucker eine Lake machen und diese einmal aufkochen lassen. Salpeter erst danach zugeben. Ist der Sud abgekühlt, wässert man damit die Gänsebrust ein und gibt einen Hartholzdeckel darüber, der beschwert werden sollte, um so das Fleisch ständig in der Pökellake zu halten. Acht Tage sollte man die Gänsebrust in der Lake lassen und anschließend ebenfalls so lange räuchern. Auch wenn das Räuchergut nicht ganz billig ist, lohnt es sich, denn die Gänsebrust ist ein Hochgenuß.

Geräucherte Makrelen

Zutaten
4 Makrelen (Gewicht je 250-300 g)
Lake
5 Liter Wasser
50 g Salz
2 Zitronen, in Scheiben geschnitten
1/2 TL Pfeffer
1 Päckchen Fischgewürz (5-10 g)
1 Päckchen Sauerbratengewürz
10 Wacholderbeeren
frischer oder getrockneter Dill

Nach dem Ausnehmen und Reinigen werden die Makrelen 24 Stunden lang in der Lake eingelegt. Anschließend die Fische gut abtrocknen lassen, nötigenfalls mit einem Küchentuch abtupfen.
Wer keinen Räucherofen zur Hand hat, der kann sich zum Heißräuchern auch eines Grills bedienen. Dazu muß jedoch eine entsprechende Gerätschaft gebastelt werden, damit die Makrelen gut 80 cm über der Glut hängen können. Die Fische sind unter den Kiemen mit einem Draht aufzuhängen. Die Räucherglut stellt man am besten durch Abbrennen von Buchen- oder Erlenholz her. Die Hitze sollte so gesteuert werden, daß sie die 150 Grad erreicht. In gut 20 Minuten Räucherzeit sind die Makrelen gar, was sich mit einer Nadel oder einem Fleischspieß gut testen läßt. Kann man die Fische gut durchstechen, sind sie gerade richtig.
Hat man keinen Grill zur Verfügung, so kann man im Garten ein kleines Erdloch ausheben, in dem das Grillfeuer entfacht wird.

Beilage: Als Zutaten empfiehlt sich Sahne-Meerettich, Stangenweißbrot mit Butter und grüner Salat.

eräucherte Makrelen